# 瀬戸田レモンに恋して

国吉 純

# はじめに

園芸家の私が人生で最初にベランダで育てた果樹はレモンの木でした。

近所の園芸店でレモンの木の鉢植えを見つけ、

「レモンって自分で育てることができるの？」

そんな好奇心を抱いたからです。

家に持ち帰ったレモンの木は、やがて花を咲かせました。

白くて少し肉厚な花は、裏面が少し赤く、リバーシブル。

おしゃれな見た目とともに、

魅惑的な甘い香りで毎日私を幸せな気分にしてくれたものです。


この木にレモンの実がなるの？

最初に白い花を見た時には、この木にどうやって

黄色いレモンの実がなるのか想像がつきませんでした。

やがて、レモンの花の中心部・めしべが膨らみ始め、

まわりの花びらが落ちると

そこには小さなレモンの形をした青い実が現れました。

小さな、とっても小さな、小指の爪半分ほどの実。

私の好奇心は止まりませんでした。

青いレモンの実は少しずつ成長し、

8カ月が経った翌年の1月頃。

ようやく実は青色から変化し、

私たちがよく知るレモン色に染まりました。

その実をハサミで切り落とし、

手に取った時の愛おしさは忘れられません。

さっそく薄くスライスして、

紅茶に浮かべてレモンティーとして楽しみました。

爽やかな香り、そしてほのかに感じる酸味。

たったひとつの実で、こんなに私をドキドキさせ、

そして豊かな気持ちにさせてくれるなんて。

もしかして、これは「恋」？？？


こうしてレモンに恋した私は、その後、

広島の瀬戸田で国産レモンと出合い、

ますますその魅力に引き込まれていくのです。

contents

はじめに　2

## 1　レモンの島を訪れて

瀬戸田レモンとの出合い　16

レモンの魅力を教えてくれた「長畠農園」　20

瀬戸田レモンの未来のために、仲間と協力し合う「レモンの郷」　34

次世代を担う人々　44

〈column 1〉
国産レモンと輸入レモンの違い　48

〈column 2〉
日本におけるレモンの品種　49

実際に行ってみよう! 島へはこう行く!　50

アートと自然を体感! 瀬戸田サイクリングを楽しむ　52

まだある瀬戸田の見どころ　56

レモンのお店　58

レモンのお宿　64

〈column 3〉
レモンの発祥　66

## 2 レモンを育てる

鉢でレモンを育てる　68

植え付けの方法　70

レモンの1年　72

〈column 4〉
広島レモンのおみやげ　76

## 3 レモンで美しく健康に

レモンを生活に取り入れる　78

〈column 5〉
私のレモングッズ　84

## 4 レモンをおいしく

スイーツレシピ　86

イタリアンレシピ　98

あとがき　110

# 1

## レモンの島を訪れて

瀬戸田の名産であるレモンは、
どんな人がどのように育てているのでしょうか？
瀬戸田レモンを育てる農家さんたちと、
レモンを利用した商品を扱う、すてきなお店を訪ねました。

# 瀬戸田レモンとの出合い

　　　今から7年ほど前、世の中では家庭菜園ブームが起こり始めました。園芸家である私も実際に農家の方に栽培の指導を受けたり、畑を借りて野菜の栽培をしたりという経験を積みながら、その原点となる農業、農業ビジネスについて学ぶため、専門学校へ入学しました。そこで私は改めて、自分がどのように農業と関わりたいかを考えるように。その時、気になったのが、長い年月をかけて樹木を育てながら果実の味を高めていく果樹生産。自分が育てたことのある果樹を思い浮かべた時、再びレモンの存在が気になり始めたのでした。レモンは日本でできるんだろうか？ レモンの生産地ってどこなんだろう？？

　調べてみると、どうやら広島がレモンの生産量日本一だということが分かりました。さらに、瀬戸内海の島々がその一大生産地らしいということも。広島といえば、私の母の実家があるところ。子どもの頃からたびたび訪れていますが、レモンなんて見かけたことがありません。いったい、どこで作っているの？ そんな疑問を抱いていたある朝、テレビをボーッと見ていると、専門学校の学部長で俳優でもある永島敏行さんが、テレビ番組の司会者として、レモンの生産地である瀬戸田町（せとだちょう）＝生口島（いくちじま）と高根島（こうねじま）を紹介していたのです。「え？ そこ、私が行きたいレモンの島かもしれない！」。永島さんに、ぜひ瀬戸田のレモン農家さんを紹介して欲

しいとお願いしたところ、すぐに連絡をとってくださいました。こうして私はレモンの島を訪れることとなるのです。

　実は、自分の目と舌でどうしても確かめたいことがひとつありました。番組中、小学生くらいの男の子がレモンを丸かじりし、「甘い！」と言っていたのです。まだ小学生だし、ましてや男の子だし、さすがにテレビ的な演技はできないだろうから、本当に甘いんだろうなと思いつつ、でも、レモンと言えば酸っぱいでしょ！、と。確かに農家さんも「うちで作るレモンは、酸味もあるが糖度も高い」と話していました。これは確かめてみなくては！　そんな思いで瀬戸田へ向いました。

長畠家の皆さん。左から息子の弘典さん、息子嫁の理詠さん、孫の永真ちゃん、奥さんの由佳さん、そして農園の主である耕一さん

## レモンの魅力を教えてくれた
「長畠農園」

　さて、このレモンの島はどこにあるか、ご存知でしょうか？　瀬戸田町がある生口島と高根島は、広島県尾道市の中心地から約18km、三原市から約12km、愛媛県今治市からは約25kmの場所に位置する、しまなみ海道のほぼ中央にある人口約8700人の島々。生口島と高根島は、島の約50％が急傾斜になっているため、日当りが非常によく、瀬戸内海でも指折りの柑橘類の産地。そしてレモンの生産量は日本一、その量は国産レモン全体の約4分の1を占めるのです。

　永島さんが紹介してくださった長畠農園さんは、1周8.9kmほどしかない小さな島、高根島にありました。青くキラキラした水面をたたえる海に囲まれたこの島は、温暖な気候に恵まれ柑橘類の栽培に適した環境です。南から西向きの斜面が多いため、レモンは太陽を浴びて、すくすくと成長します。色味の少ない日本の冬の風景ですが、ここだけは、レモンの黄色やみかんのオレンジ色に島全体が染まり、賑やかな雰囲気。そして5月を過ぎると、レモンやみかんの花がいっせいに咲き始め、島全体が甘い香りに包まれます。島へ向かうため船で海を渡っている時も、まるで島全体が香りのドームに包まれているかのように、爽やかな香りを感じることができました。

たわわに実ったレモンを
収穫する耕一さん

　島に着くと、初対面にも関わらず、長畠農園のご夫婦・長畠耕一さんと由佳さんが優しく迎えてくださり、レモン畑を案内してくださいました。瀬戸内海に臨む斜面には、たくさんのレモンの木が生えていて、その枝は、大きくしなるほどに、たくさんの実がなっています。レモンをその場でもいでナイフで切ると、爽やかな香りとともに滴る果汁。口にすると、テレビ番組で少年が言っていたように、確かに酸味の奥に甘さが残るではありませんか……！ そしてその甘さと同じくらい私が惚れ込んだのは、果実そのものの美しさ。傷がほとんどなく、ワックスをかけていないのにツヤツヤとした輝きがあるのです。

急勾配のレモン畑で作業する長畠夫妻

看板犬の
とまとちゃん

箱入り息子の
小太郎ちゃん

　初めての衝撃に、その後横浜へ帰ってからも私の頭の中は、しばらくレモンのことでいっぱいになりました。そしてとうとう、その翌年、長畠さんへ熱烈なラブレターとも言える手紙を書き、「ぜひ東京でレモンの販売をさせてほしい」とお願いをしました。いやいや、手紙だなんて失礼にあたると、1月の終わりには再び島を訪問。直接お会いして、改めてお願いをしたのです。突然やって来て、「レモンが！

レモンを貯蔵する冷蔵庫には、4月までに収穫したレモンが夏まで保存され、国産レモンの少ない時期にも出荷することが可能に。約6トン300ケースが並びます

レモンが!」という女に、きっと戸惑いもあったことでしょう。それでもちょうどその頃、いくつものレモン農家さんが共同で、レモンの周年出荷を目指すハウス栽培の計画が立ち上がっていました。それを実現するためには、レモンの消費を高める活動、特に東京など都会での消費活動が必要だということで、私は幸いにも、東京でのレモン販売の承諾を得ることができたのです。

レモンの花は肉厚で、花びらは表が白色、裏が紅色。4月の終わりから5月にかけて開花し、甘い香りを漂わせます

レモン畑から見えるしまなみ海道

　長畠農園さんと出合ってから、私は何度もこの島を訪れました。それは、レモンのことをより詳しく学べるよう、1年を通して農家さんの栽培方法を追っていき、レモンが商品になり、出荷されるまでの状況を把握するためでした。遠く離れた場所に住む私が、ただ「レモンを出荷してくださ〜い! 販売しま〜す!」では失礼に当たると思い、一年に最低2回、多い時には4〜5回訪問。実際に畑を見て、農家さんに話をうかがうということを数年続けてきました。私の家族や友人は「またレモンの島へ行ってる……。もしかして、誰かいい人でもいるのでは?」と疑うほど。でも、どの季節に訪れても、いつも新しい発見があり、そして海や島の表情にも飽きることがなく、いつも新鮮な印象を与えてくれるのでした。

レモンの木が連なる高根島の斜面

長畠農園の長男長畠弘典さん。寡黙でありながら農業に対する秘めた情熱を感じます

　レモンはほかの柑橘類に比べて、風に弱い植物であるため、天候には非常に敏感です。比較的温暖と言われている島でも、台風が来ると、時には畑が全滅してしまうような大きな被害を受けることもあります。レモンの木に強い風が当たると、葉や実がこすれて傷ができ、そこから菌が入り込み、「カイヨウ病」といわれる病気があっという間に広がることも。また、冬の寒波も柑橘類の中で、レモンが一番影響を受けやすいといわれています。
　真夏の暑い時には水やりを気にかけ、台風が島を直撃するとなると、暴風対策を行い、その前後も見回りを怠らない。そして鋭いレモンの木のトゲをハサミで切り落とす作業や、摘果、枝の剪定、病害虫防除……と、やらなくてはいけないことの数々を、実際に畑を見てお聞きするたびに、農家さんのご苦労と丁寧な手入れの様子を知ることになります。そのように大切に育てられたレモンが私の元に届いているのだなぁと思うと、いつも感謝と尊敬の念に堪えません。長畠農園さんがすごいのは、ただでさえ大変なレモン栽培を、農薬や化学肥料を極力使わず、さまざまなことにこだわりながら行われていて、さらに、見た目もいいというところ。通常、農薬を使わないと病害虫に侵されやすく、見た目の質が落ちることが多いのですが、ここでは、そんなことはありません。そこにはどんな秘密があるのでしょうか。

ハウスにいる鶏たち。雑草を食べたり、卵を産んでくれたりします

　長畠農園では、100年以上続く柑橘農家3代目の長畠耕一さん、奥様の由佳さん、そして4代目の弘典さんと、奥様の理詠さんの手により、レモンとみかんの栽培と出荷が行われています。東京の大学を卒業した弘典さんは、JA広島果実連に就職。その後2006年より就農して家族の農園を引き継ぎ、2008年から露地だけでなく、ビニールハウスでもレモン作りを開始。弘典さんは、ハウスで徹底した無農薬栽培を心がけ、除草剤をまかずに、鶏、烏骨鶏を放し飼いにして雑草を除去するなど新たなことにも取り組んでいます。露地での栽

丁寧にレモンや柑橘類を磨き、梱包した商品を発送してくれる由佳さん

培でも、除草や害虫防除の方法に対しては厳しい基準が設けられた有機の肥料を使った栽培を行っています。そのため皮ごと口に入れても安全。糖度も9〜10度ほどあり、ただ酸っぱいだけではなく、やさしい甘さが残るレモンなのです。さらに、耕一さんが「ベロメーター」と称する由佳さんの舌の感度はすばらしく、彼女が味見をしてみて、「今!」という時が出荷のタイミング。私の手元に届いてすぐにいただく、レモンやみかんの酸味と糖度のバランスは、いつも絶妙です。

美しく輝く長畠農園
のレモンの実

　そして、何度も書いていますが、レモンの皮が美しいのです！ これは、収穫後、由佳さんの手により、ひとつずつ丁寧に布で磨かれ、ピカピカの状態にして出荷されるため。私は東京のスーパーでも、レモンを見ると必ず値段や品質をチェックすることが習慣になっていますが、ある日、高級スーパーでレモンを見かけ、「あれ？ これは！」

と思って近づくと、「広島県長畠農園」という文字と、弘典さんの顔写真と紹介文があったのです！東京のこの場所で偶然出合えたこともうれしかったのですが、やはり、長畠農園のレモンとほかのレモンは違うのだと実感できたことが何よりうれしかった瞬間でした。

瀬戸田レモンの未来のために、
仲間と協力し合う「レモンの郷」

レモンの郷のメンバー。左から中本年哉さん、宮本昌裕さん、稲葉浩史さん、大野雅興さん、長畠耕一さん。他に稲葉浩則さん、長光英明さんの計7名で活動をされています

　2009年4月、日本一の国産レモンの生産量を誇る尾道市瀬戸田町の柑橘農家7人が、農事組合法人「レモンの郷(さと)」を設立しました。理事長は、長畠農園の耕一さんです。後継者不足などに悩む島の柑橘栽培の活性化を目指して、高品質レモンのハウス栽培などを手掛けています。生口島と高根島からなる瀬戸田町は、みかんやレモンなどの柑橘類を年間約2万トン生産していますが、生産量はピーク時の1970年代から半分近くに減少。生産農家の約3割が70歳以上という高齢化にも悩んでいます。

月に一度、レモンの郷の
メンバーが集まり、水の
管理、剪定、果実の肥
大管理などを行います

　柑橘栽培の将来展望を探る中、地域ブランドの確立を目指して生産者である長畠さんらが、農事組合法人の設立を提案したのがきっかけでした。法人化による規模拡大で、農作業の共同化、効率化を進め、供給の量、質ともに高いレベルで安定を図ることに。それによって後継者を指導、育成する仕組みも確立しやすくなり、国の補助の受け皿となりやすいメリットもあります。その最初の事業として、高根島に1.6ヘクタールもの「内之浦レモンハウス団地」を整備し、7〜9月の国産レモンが出回らない時期の出荷を目指して、農薬不使用

のレモンの栽培を含めたハウス栽培に取り組み始めました。

　2012年、ハウスに1550本の苗木が植えられました。これにより、需要としては一番多いにも関わらず、露地栽培では収穫できない夏場のレモンの出荷が可能となる事業がいよいよ開始。冬にハウスを加温することにより、露地栽培よりも開花を3カ月早め、ちょうど露地のレモンの収穫、出荷が終わる4月頃に引き続き、このハウス栽培のレモンが順次出荷されるようになったのです。そして、2015年、いよいよ初出荷！

青いレモンが次第に色づきレモンイエローに

花の時期が終わり、花びらが落ちるとおしべ部分にレモンの実の原形が現れます。いわばこれがレモンの赤ちゃんです

　レモンの販売を東京で行っていると、「国吉さん、レモンを買いたいのだけど……」と、蒸し暑くなる6月頃からよくお声がかかります。そんなとき、「レモンの旬は冬なんですよ〜！今レモンはちょうど花が咲いて小さな実が付く頃なんです〜！」と何度お断りしてきたことか。夏、汗をかく季節に、やっぱり爽やかなレモンが欲しくなりますもんね！それがようやく手に入るようになるなんて、私としては感無量です。今までは、夏によく見かけるレモン入りの飲料やお菓子などは、香料、もしくは、外国からの輸入のレモンによるものだったんです。そしてその時期、スーパーの店先に並ぶレモンも、アメリカやチリ産のものがわずかに並んでいる程度でした。旬を大事にする日本人としては、冬までじっと待つ……というのが昔の習慣だったんでしょうが、いやいや、やっぱり分かっていても、夏にレモンがほしいですよね。

レモンの郷のレモンのトンネル。新しい栽培方法により、歩きやすく、収穫しやすいというメリットも生まれました

　現在、ハウスでは出荷から2年目を迎え、ハウス内のレモンの木は既に3メートルほどの高さになっています。注目すべきは、今までのレモン農家の栽培方法（樹間をゆったりととり、太陽が奥までしっかりと当たるようにする開心自然形）とは違い、樹間1.25メートルのアーチ仕立てにしたことで、今までより早期に収穫、また今までの2倍近い5〜6トンの収穫量が見込まれるようになったこと。また、そうすることで4メートルほどの広い作業路が確保できるようになったほか、レモンは高木になりやすく、今までは脚立で作業をしていたのが、アーチ状になったため収穫したレモンの運搬も非常に楽になったとか。現在は、月に1回ほど、メンバーで共同作業を実施。みんなで水の管理や剪定、収穫などの作業を行っています。また、勉強会も頻繁に開くそう。

40

勉強熱心な皆さん。今後が楽しみです!

2年前のレモンの郷のビニールハウス内。今よりだいぶレモンの木の背が低いですね

　「レモンの郷」のハウスの中は、どこまでも続くレモンのトンネルになっていて、手を伸ばせば、すぐにレモンに届きます。それは、私にとってはまさに夢のような風景でした。

次世代を担う人々

左が中田次郎さん、
右が貝原正吾さん

長畠農園の担い手、弘典さん

　私が長畠農園さんのレモンを東京で販売しようと思った理由のひとつは、長畠家に次世代の若き担い手がいることでした。農業ビジネスの勉強をしている際にも度々話題になったのは、農家の人手不足問題。その中で、大学卒業後に東京で就職することを考えず、果実の販売・生産の両面に従事、また指導を行うために島へ戻り、レモンや柑橘の新しい考え方をもとに仕事を進めている弘典さんの存在は大きいものでした。

　現在「レモンの郷」のハウスの中には、農薬を使わないレモンの栽培を試みる弘典さんのハウスがあります。「レモンの郷」の項目でもお話しましたが、露地栽培レモンの収穫が終わった4月以降もハウスで育てたレモンを夏に収穫できるようになったのは、とても画期的なことでした。弘典さんはさらに、そのハウスレモンを農薬不使用で栽培をしようという大きな目標に挑んでいました。

有機、無農薬栽培の盛んなEU諸国とは違い、日本の自然環境下では、無農薬農業は難しいという現状があります。温暖多雨の日本は、雑草、害虫、病原体の活動が盛んなので、農薬に頼らざるを得ないのです。そんな中で、ハウスでの試みを始めた弘典さんは、虫トラップを設置や酢による殺菌消毒を行ったり、雑草防止と乾燥防止のためのディコンドラ（多年草のグランドカバー）の利用を行ったり、鶏の放し飼いや、アブラムシの天敵であるテントウムシを外から見つけてハウス内に放つなど、さまざまな試みを続けています。更に、大学時代の先輩、友人たちとのネットワークを利用して市場に農薬不使用のレモンを出荷し、「無農薬」ブームが起こる今の時代の先駆けを作っていきました。通信販売でも少しずつ、農薬不使用のレモンの存在が注目されはじめ、売り上げを伸ばしています。無農薬レモンを求める人が増えると、レモンの単価が上がる構図が生まれます。弘典さんは、そうなれば、継続的な無農薬レモンの生産も決して無理はないといいます。「完成したイメージがないと挑戦できないが、レモンのハウスでの無農薬栽培は、自分でイメージができた」のだそう。無農薬野菜、果実を求める時代が近い将来やってくる、そんな予想のもとに新しい風を島へ持ち帰ったのでした。

農業の楽しさに気付いてきたという中田さんと貝原さん

高い木になるレモンの
収穫も難なくこなす2人

　そんな弘典さんと同様、レモンの島の次世代の担い手、若き就農者も弘典さんに紹介していただきました。ひとりは、4年前に島へ戻ってきた中田次郎さん。静岡の農業試験場で勉強した後、現在実家の5ヘクタールの土地での柑橘類の露地栽培とハウス栽培を行っています。もうひとりが、貝原正吾さん。彼も3年前にご家族の病気がきっかけで島に戻ってこられました。お二人とも前職は偶然にもテレビマンだったそうで、当時の生活と、島での生活とは、きっとギャップがあったことでしょう。それでも、島特有のゆったりとした時間の中で、自分が手をかければかけるだけ、美味しいレモンや柑橘類ができていく様子を楽しまれているようでした。お二人とも180センチを超す長身で、高いところになるレモンの収穫もお手のもの。お二人からお話を聞くために待ち合わせをした際にも、バイクに乗って颯爽と現れるその姿は、レモンに負けず劣らず爽やかで、未来を担う農業人をまぶしく、そしてうれしく思いました。島のレモン栽培のバトンは、確実に未来に向けて受け継がれているのです。

# 国産レモンと
# 輸入レモンとの違い

　輸入レモンは黄色く熟す前に収穫して、日本へ送られます。
つまり、レモンの実が黄色く色づくのは、日本への輸送途中。
そのため、日本で手にとる時に黄色でも、完全に熟しているわけではないのです。

　その点、国産レモンは木になっている状態で完全に熟すのを待つため、レモンの糖度が高い。
レモンなので酸味はどちらにもありますが、輸入レモンは8度程度しか糖度がないのに対し、国産レモンはなんと10度ほどあるんですね。
これはみかんと同レベル。

　さらに、国内で消費するため、防腐剤やワックスを使う必要がなく、香り高いレモンの皮を、安心して使うことができるのも、うれしいポイントです。

# 日本における
# レモンの品種

　ちなみに日本で育てられているレモンは、大きく分けて、下記の4種類があります。見た目はほとんど変わりませんが、少しずつ特徴があるんです。

### リスボン
レモンの中で最も寒さに強い品種。家庭で育てるなら、関東以北の方にオススメ。枝が真上に向かって伸びるため、大木にならないように剪定をしてコンパクトに育てる必要があります。トゲが多いので注意。

### ユーレカ
枝が横に広がって伸びるタイプで、コンパクトに育てたい人に最適。寒さに弱いですが、夏や秋にも開花しやすいというメリットがあります。果実が大きいのもうれしいですね。

### マイヤーレモン
オレンジとレモンの交雑種で、耐寒性が強く育てやすい品種。果皮はスパイシーな香りがして、角が立たないマイルドな酸味が特徴。トゲも少ないです。

### ビラフランカ
トゲが小さく少ないため、管理作業がしやすい種類。枝葉が真上に伸びやすいですが、枝数が少ないため剪定は比較的容易です。耐寒性もあるのが心強いですが、成長は比較的ゆっくりです。

## 実際に行ってみよう！

# 島へはこう行く！

福山

山陽自動車道

新尾道

三原　尾道

山陽新幹線

須波　向島

田島

JR呉線

高根島　因島

生口島

岩城島　弓削島

大三島

大崎上島　伯方島

大崎下島　大島

西瀬戸自動車道
（しまなみ海道）

### ✈ 広島空港から

**◎バスで**

| 片道料金 | リムジンバス1350円＋しまなみライナー 1350円　※自転車持ち込み不可 |
| 行き方 | 広島空港からJR福山駅行きリムジンバスで65分、<br>下車後、しまなみライナーに乗り換えて瀬戸田まで43分 |

**◎バス＋船で**

| 片道料金 | リムジンバス820円＋船820円　※自転車持ち込み不可 |
| 行き方 | 広島空港からJR三原駅行きリムジンバスで35分、終点下車後、<br>三原港まで徒歩5分、ほうらい汽船orマルト汽船で瀬戸田港まで28分 |

### 🚌 広島市内からバスで

| 片道料金 | 2450円　※自転車持ち込み不可 |
| 行き方 | 広島BSからしまなみライナーで瀬戸田BSまで120分 |

### 🚌 今治市内からバスで

| 片道料金 | 1450円　※自転車持ち込み不可 |
| 行き方 | JR今治駅からしまなみライナーで瀬戸田BSまで42分 |

### 🚌 松山市内からバスで

| 片道料金 | 2800円　※自転車持ち込み不可 |
| 行き方 | 伊予鉄道松山市駅から伊予鉄高速バスで瀬戸田BSまで110分 |

瀬戸田への行き方は幾通りもあります。県外から行かれる方は、まず広島県へは何を使ってアクセスするのかも含め、自分に合った行き方を探してみてください

## JR福山駅からバスで
- 片道料金 1350円 ※自転車持ち込み不可
- 行き方 JR福山駅からしまなみライナーで瀬戸田BSまで50分

## JR新尾道駅からバスで
- 片道料金 1030円 ※自転車持ち込み不可
- 行き方 JR新尾道駅から伊予鉄高速バスで瀬戸田BSまで16分

## JR尾道駅から船で
- 片道料金 1050円（+自転車300円）※自転車持ち込み可
- 行き方 JR尾道駅から尾道港まで徒歩5分、瀬戸内クルージングで瀬戸田港まで40分

## JR三原駅から船で
- 片道料金 820円（+自転車120円）※自転車持ち込み可
- 行き方 JR三原駅から三原港まで徒歩5分、ほうらい汽船orマルト汽船で瀬戸田港まで25分

## JR須波駅から船で
- 片道料金 460円 ※自転車持ち込み可、無料
- 行き方 JR須波駅から須波港まで徒歩15分、須波港から須波航路サービスで沢港まで25分

## 本州から自家用車で
- 片道料金 普通車1340円、軽自動車1080円 ※ETC割引あり
- 行き方 西瀬戸自動車道（しまなみ海道）西瀬戸尾道ICから四国方面へ30分、生口島北IC下車

## 四国から自家用車で
- 片道料金 普通車3490円、軽自動車2830円 ※ETC割引あり
- 行き方 西瀬戸自動車道今治ICから本州方面へ60分、生口島南IC下車

## 本州から自転車で
- 片道料金 尾道大橋まで船70円〜（自転車含む）、因島大橋50円、生口橋50円
  ※自転車通行料金は2018年3月31日まで無料
- 行き方 JR尾道駅から尾道大橋まで渡船で5分、尾道大橋から因島大橋まで50分、因島大橋から生口橋まで55分

## 四国から自転車で
- 片道料金 来島海峡大橋200円、伯方・大島大橋50円、大三島橋50円、多々良大橋100円
  ※自転車通行料金は2018年3月31日まで無料
- 行き方 サンライズ糸山から来島海峡大橋まで5分、来島海峡大橋から伯方・大島大橋まで50分、伯方・大島大橋から大三島橋まで85分、大三島橋から多々良大橋まで50分

※情報は2016年8月現在のものです。

アートと自然を体感！
# 瀬戸田サイクリングを楽しむ

世界中のサイクリストから注目を集める「しまなみ海道」(西瀬戸自動車道)。中でも瀬戸田はサイクリストにうれしい数多くの観光地が点在！瀬戸田ならではのグルメやアート、人との触れ合いを満喫しましょう。

尾道から島に渡ってまず向かうのは観光案内所。ここで自転車を借りて、いざ出発です！その後訪れたのは、島ならではのフルーツを使ったジェラート店「しまなみドルチェ本店」。一番人気だという瀬戸田のレモンとデコみかんのダブルを注文。ひとくち食べれば爽やかな風味が口に広がります。次に目指すのは、豪華絢爛な装飾が目を引く「耕三寺」と同じ敷地内にある大理石庭園「未来心の丘」。古今の芸術を堪能した後はレトロな雰囲気漂う「しおまち商店街」をお散歩です。途中で見つけた古民家カフェでしばし休憩も。

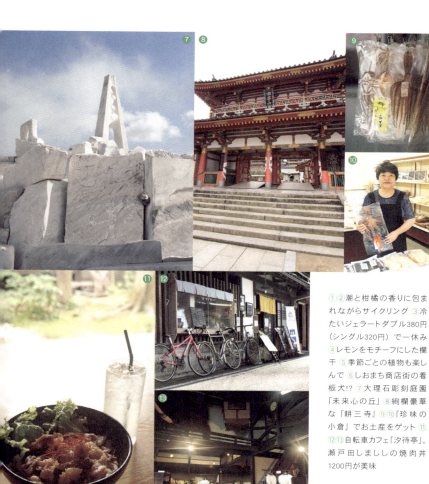

①②潮と柑橘の香りに包まれながらサイクリング ③冷たいジェラートダブル380円（シングル320円）で一休み ④レモンをモチーフにした欄干 ⑤季節ごとの植物も楽しんで ⑥しおまち商店街の看板犬!? ⑦大理石彫刻庭園「未来心の丘」⑧絢爛豪華な「耕三寺」⑨⑩「珍味の小倉」でお土産をゲット ⑪⑫⑬自転車カフェ「汐待亭」。瀬戸田しまししの焼肉丼1200円が美味

53

「しおまち商店街」は、港から耕三寺まで約600メートルの参道に約50店舗がひしめく商店街。郵便局や銀行などもあり、住民にとって欠かせない生活の場であるとともに、海産物やレモン菓子を扱う土産店も多く、観光の目玉でもあります。そんな商店街内でローストチキンの香ばしい香りを漂わせているのは「玉木商店」。すぐに食べてもOKですが、せっかくなので「瀬戸田サンセットビーチ」で海を眺めながらパクリ！最後は「旅館 つつ井」でレモンの香りに包まれながらお風呂に入って、1日の疲れを癒やします。

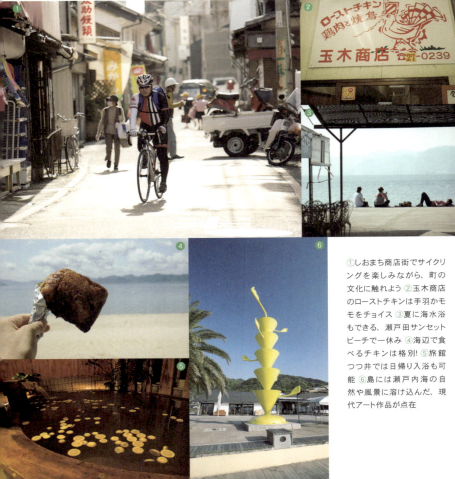

①しおまち商店街でサイクリングを楽しみながら、町の文化に触れよう ②玉木商店のローストチキンは手羽かモモをチョイス ③夏に海水浴もできる、瀬戸田サンセットビーチで一休み ④海辺で食べるチキンは格別！⑤旅館つつ井では日帰り入浴も可能 ⑥島には瀬戸内海の自然や風景に溶け込んだ、現代アート作品が点在

# ROUTE MAP

〈 SHOP DATA 〉

**瀬戸田観光案内所**
尾道市瀬戸田町沢200-5
☎0845-27-0051　営9:00〜17:00
料電動アシスト自転車：大人（中学生以上）6時間以内1500円（小学生希望の場合も同料金）、保証料大人（中学生以上）1000円、子ども500円

**しまなみドルチェ本店**
尾道市瀬戸田林20-8　☎0845-26-4046
営10:00〜日没まで　休なし

**珍味の小倉**
尾道市瀬戸田町瀬戸田513
☎0845-27-1863　営9:00〜17:00　休なし

**玉木商店**
尾道市瀬戸田町瀬戸田511　☎0845-27-0239
営9:00〜18:00（なくなり次第終了）　休火曜

**旅館 つつ井**　→店舗データは P064へ

**耕三寺博物館 未来心の丘**
尾道市瀬戸田町瀬戸田553-2　☎0845-27-0800　営9:00〜17:00（最終入館〜16:30）　※潮聲閣のみ10:00〜16:00　休なし

**自転車カフェ&バー 汐待亭**
尾道市瀬戸田町瀬戸田425　☎0845-25-6572
営カフェ11:00〜16:00（LO15:30)、バー19:00〜24:00（LO23:00)
休月曜（祝日の場合営業、翌平日休み）、バーのみ日曜

**瀬戸田サンセットビーチ**
尾道市瀬戸田町垂水1506-15　☎0845-27-1100
営通常8:30〜17:00、海開き期間9:30〜16:00
　※監守が常駐している時間　休年末年始

55

# まだある瀬戸田の見どころ

### 平山郁夫美術館

尾道市・瀬戸田出身の日本画家、平山郁夫の作品を展示している美術館。幼少期からの作品やシルクロードの大作などが展示され、画家として活躍するまでの過程も知ることができます。

🏠 尾道市瀬戸田町沢200-2
☎ 0845-27-3800　🕘 9:00～17:00（入館は16:30まで）　休 なし　💴 大人900円、高校・大学生400円、小・中学生200円

### 向上寺

室町初期建立の曹洞宗のお寺。お寺のある潮音山の山頂には、永享4年(1432年)に当時の生口島の領主、小早川信元によって建立された三重塔があります。現在は国宝にも指定。

🏠 尾道市瀬戸田町瀬戸田57
☎ 0845-27-3377

### 瀬戸田歴史民俗資料館

瀬戸田から発掘された弥生時代の土器のほか、農業、漁業、塩田に関する資料を展示。江戸時代に製塩や廻船問屋として名を馳せた、堀内家の塩倉が利用されて造られたそう。

🏠 尾道市瀬戸田町瀬戸田254-2
☎ 0848-20-7425
🕘 土・日曜・祝日10:00～12:00、13:00～16:30
休 月～金曜　💴 無料

### レモン谷

明治時代から始まった瀬戸田のレモン栽培。レモン畑は、瀬戸田町垂水一帯を中心に広がります。昭和38年に日本一のレモンの産地となり、いつしかこの辺りを「レモン谷」と呼ぶようになりました。

🏠 尾道市瀬戸田町瀬戸田
☎ 0845-27-0051（瀬戸田町観光案内所）

サイクリング特集でご紹介したスポット以外にも、瀬戸田には見どころが、まだまだたくさんあるんです。
有名な美術館や国宝から、古刹に無料の資料館まで、気になるスポットをチェックしてみてください。
どこも素朴で心休まるところばかりです

### 垂水天満宮

瀬戸田サンセットビーチ近くにある天満宮。宮の一帯はウバメガシの群生林に覆われていて、広島県内屈指の規模を誇ります。昭和53年には天然記念物に指定され、記念碑も建立されました。

🏠 尾道市瀬戸田町垂水
☎ 0845-27-0051(瀬戸田町観光案内所)

### 中野旧家群

瀬戸田港から車で約5分。江戸末期に建てられたとされる、白壁に黒い腰板で大きな門構えの屋敷が建ち並ぶ集落。落ちついた風情のある家並みは、散策スポットとしておすすめです。

🏠 尾道市瀬戸田町中野
☎ 0845-27-0051(瀬戸田町観光案内所)

### 光明坊

天平2年(730年)、聖武天皇の勅願により行基上人が開基創建したと伝えられる古刹。五輪塔や重要文化財の十三重石塔婆、天然記念物のイブキビャクシンなど見どころが多数。

🏠 尾道市瀬戸田町御寺757
☎ 0845-28-0427

### ひょうたん島

広島県と愛媛県の中間に位置する無人島。NHKで人気となった人形劇『ひょっこりひょうたん島』のモデルとなった島といわれています。瀬戸田サンセットビーチ沖に見ることができます。

🏠 尾道市瀬戸田町垂水(サンセットビーチ沖)
☎ 0845-27-0051(瀬戸田町観光案内所)

# レモンのお店

瀬戸田には、名産のレモンを使ったお菓子や料理がいっぱいあります。すてきなレモンの商品と、お店の方々に会いに行ってみませんか？ そこには、心に残る出会いがあるはずです

島ごころ

レモンケーキや、コンフィチュールなど、瀬戸田のレモンを使った商品が揃うお店。レモンの酸味と香りが特徴のレモンケーキは、ホワイトチョコで包むスタイルではなく、果皮入りジャムを練り込んだふんわり食感。2009年よりオーナーパティシエの奥本さんが小さなお店で作っていましたが、その人気に生産が追いつかず、2016年4月に移転。現在は1日6000個の製造に対応しています。

従業員は29名。島の雇用にも大きく貢献

笑顔がステキなオーナーパティシエの奥本隆三さん

レモンとお菓子の力で皆を元気にしたいと強く語る奥本さん

レモンケーキの「島ごころ」250円

レモン果皮からコンフィチュール（上）を作る際の蒸留水を使いレモンオイル（下）を製造

焼きドーナツタイプ250円もあります

お菓子はイートインも可能。ドリンクが無料なのもうれしいですね

**島ごころ**
- 尾道市瀬戸田町沢209-32
- 0845-27-0353
- 10:00〜17:00
- なし(1/1を除く、臨時休業あり)

59

## 瀬戸田 梅月堂

耕三寺の正門前に位置するお菓子屋さん。自家製のオリジナル商品は、貝殻の形をした「汐ひがり」113円、平山郁夫氏の作品から命名した「砂漠の月」140円など、見た目も名前もアイデア満載。瀬戸田レモンを使った商品は数多くありますが、中でも耕三寺の孝養門をかたどった「瀬戸田レモン最中」113円は、レモンの皮を砂糖漬けにし、白あんに加えて炊いた優しい甘さがやみつきになる一品。

すっぱい瀬戸田レモン
ケーキ1個162円

瀬戸田エコレモンを取り入れた商品が人気

箱詰めから単品まで瀬戸田土産は多種多様

### 瀬戸田 梅月堂
- 尾道市瀬戸田町瀬戸田546
- 0845-27-0132
- 8:30〜18:30
- 木曜（祝日の場合は営業）

## 向栄堂

瀬戸田町のしおまち商店街に位置し、地元で「元祖レモンケーキといえばココ」と愛される一軒。瀬戸田育ちのレモンの果汁を使ったレモンケーキ130円は、スポンジが細かく、ホロホロとほどける口当たりと、優しい甘さが特徴。コロンとしたサイズとレモン形のフォルムが可愛いらしいですよね。そのほか、オレンジとあんずのピールが入ったロールカステラも人気です。

朝早くから地元の人も訪れ、会話が弾む

ずっしりとしたロールカステラ980円

ガラス戸の外観。中で製造する様子がうかがえる

**向栄堂**
- 尾道市瀬戸田町瀬戸田229
- 0845-27-0134
- 7:00〜18:30
- 休 木曜

御食事処 ちどり

昭和40年から続く郷土料理店では、地魚を使った料理が自慢です。御膳や一品料理が豊富ですが、特に冬に食べたいのは、蛸しゃぶレモン1人前1720円〜。刺身でも食べられるほど新鮮なタコの薄造りを、昆布やカツオ、レモンでとったダシにくぐらせて食べる鍋です。タコのコリコリとした食感と、レモンの酸味がたまりません。野菜もたっぷりなのがうれしいですね。

地元農家の方々や国吉さんもお気に入り

（上）親子2代で切り盛り（右）レモンが丸ごと入ったレモネード350円

御食事処 ちどり
- 尾道市瀬戸田町瀬戸田530-2
- 0845-27-0231
- 11:00〜16:00、18:00〜23:00（LO22:30）
- 火曜

お食事処 わか葉

創業約60年目を迎える和食店。アナゴ料理が専門でしたが、7年前、全国的に有名なテレビ番組からのオファーで、瀬戸田で昔から食べられている「レモン鍋」のアレンジを担当。鯛でとったダシに、白菜やカキのほか、苦みを取って食べやすくしたレモンをたっぷりと使ったところ、今では島の名物料理に。1人前2700円（2人～・要予約）、11月末～3月頃までの限定で提供しています。

店頭のメニュー表はアナゴ料理だらけ！

元々はうどん店からのスタートだったそう

レモン鍋のアレンジを担当した山口料理長

**お食事処 わか葉**
- 尾道市瀬戸田町瀬戸田520-1
- ☎ 0845-27-0170
- 11:00～15:00（LO14:30）、17:00～22:00（LO21:30）
- 火曜（祝日の場合営業、翌日休み）

# レモンのお宿

瀬戸田はお宿だって、レモンをたっぷり使ったおもてなしをしてくれます。ほかの場所では決して味わえないであろう、各宿の自慢のレモンの活用法を楽しんでみてくださいね

旅館 つつ井

明治43年創業の老舗旅館の名物は、レモンがたっぷりとお湯に浸かった「展望レモン風呂」。美肌が望めるほか、爽やかな香りを楽しめる瀬戸田ならではのお風呂です。16〜20時（混雑時は変更の場合あり）は、500円で日帰り入浴もできるので、観光やサイクリングで疲れた体を癒やすスポットとしても人気。海の幸を使った料理も好評なので、宿泊は料理とのセットがおすすめ。

浴室からは瀬戸内海を間近に望める

その日に水揚げされる鮮魚を提供する

**旅館 つつ井**
- 尾道市瀬戸田町瀬戸田216
- 0845-27-2221
- チェックイン15:00（最終は〜19:00）、チェックアウト翌10:00

# 住之江旅館

江戸末期に築かれた門や石の庭から当時の趣を感じる、瀬戸田の豪商・堀内家の別荘を利用した老舗旅館。目前の海を眺めながら味わいたいのは、手搾りで1個半も使用するレモンジュース810円やレモン酎ハイ1080円。果汁100%の色合いは爽やかなレモンイエロー。スッキリとした後味も特徴です。自慢のタコ料理と合わせて瀬戸田の味覚を満喫してみてください。

140年という、長い歴史を刻む建物

歴史を感じされる、重厚な門構え

女将の大谷さん(左)とスタッフのみなさん

### 住之江旅館
- 尾道市瀬戸田町瀬戸田264-3
- 0845-27-2155
- 昼食11:30〜、夕食18:00〜
  (いずれも要予約)
  チェックイン15:00、チェックアウト翌10:00

column
3

# レモンの発祥

　レモンの祖先にあたる果物は、インドを起源としてその後中近東を経てヨーロッパへ渡ったといわれています。紀元前には、レモンはバビロニア（現在のイラクのあたりにあるメソポタミア南部にあった王国）でユダヤ教の儀式に使用され、古代ヨーロッパでは観賞用に作られていたといいます。その後、アレクサンダー大王の遠征の際には、肉や魚が傷むのを防ぐため、また毒消しとしてもレモンが使われるようになりました。

　12世紀頃にはアラブ商人によってスペインへ。気候風土が合っていたことで十字軍の遠征をきっかけに、レモンの果汁を飲む習慣や調理法も伝えられるように。その後、虫除けや虫さされの消毒、感染症予防にも使われるようになりました。また、イギリスの大航海時代には壊血病を防ぐ為にレモンが摂取され、長期の航海を支えたといいます。

　その後、太陽を浴びながらすくすく育つ姿と、解毒作用をもつことから、レモンは「救済」のシンボルとなります。フィレンツェの聖マルコ修道院の食堂の壁に描かれた有名な絵画「最後の晩餐」（ドメニコ・ギルランダイオ/1480年）でも、食卓の背景に描かれているのはレモンの木でした。

　また、通年実がなることから、レモンは「愛の貞節」の象徴でもあります。15〜18世紀の絵画には、レモンの木や実が描かれることも多かったようです。

ちなみにレモンの花言葉は、「誠実な愛」「情熱」「香気」なんですよ。爽やかなレモンのイメージとは異なり、なかなかアツく燃え上がるようなものばかりですよね。

# 2

## レモンを育てる

自宅のベランダでレモンを栽培できたらいいと思いませんか？
実は、鉢植えで育てるのはそんなに難しいことではありません。
ぜひ、レモンの栽培にチャレンジして
レモンが育つ様子や、実の収穫を楽しんでみてください。

# 鉢でレモンを育てる

比較的育てやすく、果実の収穫も楽しめるレモンは、
ベランダガーデニングデビューにぴったり。さっそく始めてみましょう

　　わが家のベランダでは、3つのレモンの木を育てています。ひとつずつ
は小さな鉢なので、たくさんの収穫は望めません。しかも、毎年晩春から秋
にかけてアゲハ蝶がやってきてレモンに産卵。やがて孵った幼虫がむしゃ
むしゃとレモンの葉を食べつくし、木が丸坊主になることもしょっちゅう！見
つけた時にはがっかりしますが、やがてサナギになり、さらに蝶となってゆっ
くりと羽を広げて飛び立っていく時には、「ありがとう！行ってきます!!」と言っ
ているような気がしてうれしくなるものです。レモンの木は、瀬戸田のものを
買いました。毎年収穫はわずかながら、大事に育てています。横浜の自宅
でレモンの花が咲く頃になると、「きっと今頃は瀬戸田もレモンの花が咲き
始めていい香りがしているんだろうな〜」とか、ベランダで青いレモンが色
づき始めると、「そろそろ収穫かしら？」とレモンの島に想いを馳せながら、
行きたくなってうずうずしたり……遠く離れた横浜でもベランダのレモンを
見ながら、瀬戸田レモンのことを想う毎日です。

# 植え付けの方法

ガーデニングのファーストステップ、「植え付け」。一見難しそうですが、意外に簡単なので構えずにやってみて!

〈用意するもの〉

レモンの苗木、鉢、支柱

土すくい
(土をすくっていれるもの)
ハサミ

培養土、鉢底石、肥料

---

### 1

苗木を鉢から抜く。根が張っている場合には、軽く下部のみ根をほぐす

### 2

鉢の底が見えなくなるくらいまで鉢底石を入れる(水はけをよくし、土の流出を防ぐため)

### 3

培養土を少し入れ、苗木を入れて用土の高さを調整。鉢から1〜2センチほどの下に苗の土の面がくるように、ウォータースペースを作る

### 4

苗木を鉢の真ん中に置き、用土を入れる。支柱などを使い、土を入れた部分を優しく突き込み、根の隙間にも土が入るようにする

### 5

支柱を立てて、ヒモで固定する

### 6

鉢の下から水が流れるまでたっぷりと土に水をやる。2回繰り返して完成

---

撮影協力/ジュンテンドー安芸府中店
☎082-890-0533 広島県安芸郡府中町茂陰1-13-45

## POINT

- [ ] 植え付け適期は、生育が緩慢な3月か9月。

- [ ] 春の新芽が吹いた後に植え付ける場合には、根鉢を崩さず植えるようにする。その際、苗木より1〜2周り大きな鉢に植え替える。いきなり大きな鉢に植え付けると、鉢土が乾かずに根腐れを起こしてしまう。

- [ ] 日当りの良い場所におき、寒い地方では防寒対策も忘れずに。

- [ ] 果実が大きく育つ、6〜8月にかけては、特に多くの水分が必要となるため、乾燥しないように鉢穴から水が流れるほどたっぷりと水やりをする。

- [ ] 葉25枚に一果の収穫が目安。

- [ ] 肥料は年に4回ほど、2〜3月、6・9・11月に与える。

- [ ] 新葉にはアブラムシ類がつくことがあるので、見つけたら早めに手で取り除くか、食品成分から作り出した安心安全な薬剤を使い、殺虫する。

# レモンの1年

植え付けが終わったら、いよいよレモンを育てていきます。
各シーズンごとに気をつけるべきことを確認しましょう

## 1月

秋に植えたレモンなら、
このころが収穫期。
1週間に1回程度の水やりで、
防寒対策はしっかりと。

## 2月

前月同様、
防寒対策をしっかりしながら、
土に肥料を与える。
鉢植えの置き場所には、
極力温かい場所を。

## 3月

春に植え付けを行うなら3月。
日当たりのいい場所に鉢を移し、
水やりを3日に1回のペースに。

## 4月

暖かくなり、
アブラムシが付いたり、
カイヨウ病などが発生する時期。
害虫駆除や防風対策を
しっかり行う。

## 5月

3月に植えたレモンの開花時期。
土に肥料をよく混ぜ栄養を補充し、
2日に1回のペースで
水をたっぷりとやる。

## 6月

果実がどんどん大きくなるころ。
新梢も伸びる時期。
梅雨になり、激しい雨が
打ち付けないよう注意。

## 7月

このころからは
水やりを毎日行う。
土に肥料をやり、
台風対策も行っておく。

## 8月

2年目以降、摘果をするなら
自然落果が終わったあとの8月に。
3年目くらいで
5果くらいが目安。

## 9月

秋の植え付けはこの時期に。
3月に植え付けたものは、
再度肥料をたっぷり与え、
水やりを毎日行う。

## 10月

春に植え付けたものの
収穫時期はこのころから12月。
収穫ばさみで葉を1～2枚付けた
状態で切り落とす。

## 11月

このころは3日に1回のペース
での水やりでOK。
グリーンからイエローに
色づくのがこの時期。
秋に植えたものは肥料を忘れずに。

## 12月

極力暖かいところに鉢を移動し、
水やりを5日に1回の
ペースに減らす。
防寒対策もしっかりと。

75

column 4

# 広島レモンのおみやげ

広島には地元産のレモンを使ったアイデア商品がいっぱい！
ここでは、広島県内はもちろん東京都内でも買えるアイテムをご紹介！

### ふるさとレモン ホット＆コールド
瀬戸田町のエコレモンの果肉と果皮を丸ごと粉末にした飲料水の素。15g×6袋210円

### 広島れもん鍋のもと
塩麹の優しい甘さと爽やかなレモンの風味がマッチしたすっぱおいしい鍋の素。432円

### レモンちりめん ローストタイプ
珍味の老舗のふりかけ。瀬戸内の名産カタクチイワシとレモンの相性は抜群。648円

### 日本酒で作った れもんのお酒
慶応元年創業の酒造による瀬戸田レモンを使ったお酒。飲みやすく女性に好評。1296円

### 瀬戸田レモン ミニ焼きドーナツ
広島市にある焼きドーナツ専門店の定番商品をミニサイズにして提供。6個入り390円

### レモニオンソース
料理芸人・クック井上。の母のソースを商品化。自宅で簡単にレモンステーキを。615円

### イカ天瀬戸内れもん味
発売1年で、全国で100万袋以上を売り上げた大ヒット商品。おつまみに最適。324円

### レモスコ
レモンに酢、青唐辛子と塩を合わせた無添加液体調味料。ピリリとした味わい。432円

### れもんげ
安芸灘とびしま海道でとれた新鮮レモンで作るメレンゲ。香りの高さが特徴。378円

撮影協力：広島ブランドショップTAU　東京都中央区銀座1-6-10 銀座上一ビルディング
☎03-5579-9952　1Fショップ10:30〜20:00　休なし

# 3

## レモンで美しく健康に

レモンは、和食、洋食、エスニック……

どんな料理を作るにも、アクセントとして欠かせない存在。

また、レモンのパワーは美容、健康だけでなく、お掃除にも発揮します。

レモンの底力を実感してみてください。

# レモンを生活に取り入れる

料理を引き立てる名脇役のレモンですが、実は使い道がたくさんあります。
冷蔵庫の中で余らせておくなんてもったいない!

　レモンと言えば「ビタミンC」が豊富で、美肌に効果がある食材という印象があるでしょう。もちろんビタミンCも含まれていますが、同じく多く含まれている成分が「ビタミンE」。ビタミンEは若返りのビタミンといわれ、抗酸化に効果を発揮します。なので、体内の活性酸素を減らしたり、がん細胞が死滅するのを助けたり、血栓を防いだりと健康にも非常によい効果があります。ほかにもたくさんのレモンの効果があるので、ぜひ皆さんにレモンを積極的に取り入れてほしいと思います。ここでは、毎日の生活の中で楽しくレモンを取り入れる私なりの工夫のいくつかを、皆さんにご紹介します。

## レモンウォーター

　私を含む40〜50代にとって、学生時代の部活の差し入れの定番といえば、レモン水。やかんにレモンの輪切り、あるいははちみつ漬けにしたレモンを入れてマネージャーが持ってきてくれる……。レモン＝そんな甘酸っぱい思い出という人も多いはず。レモンには、クエン酸が含まれ、現代人のストレスや運動不足、不規則な生活などによる体内時計の乱れを回復させると同時に、運動疲労の回復に効果（運動すると筋肉中に疲労物質である乳酸が増えますが、クエン酸が減少させる）があり、また血液をサラサラにし、栄養の吸収を助け身体の抵抗力をアップさせるといいます。私は水の中にレモンを切ったものを入れて冷蔵庫にいつも入れています。庭仕事でのどが渇いた時、事務仕事で気分転換をしたい時などにぴったりなんです。爽やかな飲み口で、リフレッシュできますよ！

## レモンを料理に

　イタリア、ギリシャ、スペインなどのレモンを多く生産している地では、食卓に山盛りになったレモンを置き、何にでもレモンを搾って食べます。私も、サラダのドレッシングとしてお酢代わりに使い、レモンの果汁とオリーブオイル、塩、コショウでシンプルな味付けをして野菜そのものの味を楽しんだり、彩りも兼ねてレモンの皮の薄切りを千切りにして散らしたりして香りと味の両方を楽しみます。

　長畠農園の由佳さんに教えていただいたレモンの活用法に、ご飯を炊く時にレモンの果汁を大さじ一杯ほど入れて炊くというものがあります。そうするとレモンの機能性成分を無理なく摂取できるそうです。また、ちらし寿司を作る時に酢飯にレモン汁を加えると、よりさっぱりと爽やかな仕上がりになり、私は好んで使います。少し脂っこい肉料理などにも、ちょっとレモンを加えることで、さっぱりといただくことができるんですよ。

サラダにはオリーブオイル・塩・コショウ・レモン果汁でシンプルな味つけを

レモンの塩味コンフィ。出回っている塩レモンとは違い、グラニュー糖を加えることでまろやかな味わいに

熱中症予防にはレモンとはちみつのドリンクが効果的

## レモンの皮で掃除を

　子どもの頃に、お風呂に入るとレモンがお風呂に浮いていることがよくありました。「あ、また入ってる!」とよく思ったものです。当時は、なぜ母がレモンをお風呂に入れるのか、不思議で仕方なかったのですが、実は、みんながお風呂に入ったあとに、お掃除好きな母はレモンでタイルを掃除していたんですね。レモンには殺菌作用がありますから、お風呂場のカビの防止にも役立てていたんです。また、水垢で白っぽくなってしまったお風呂場の鏡の曇りも、クエン酸効果で落とせるんですよ。美容にも気を使っていた母のことですから、美肌効果も狙っていたのかしら? お肌もお風呂場もきれいになって、一石二鳥ですね!


## レモンの香りでリフレッシュ!

　レモンの香りには、自律神経の安定や肺の免疫機能を高め、感染症を予防するという効果があるといわれています。使い終わったレモンを枕元に置いて寝ると精神が落ち着いて、血管が広がるため熟睡ができ、疲労回復にも効果が期待できるとか。食べるのと同じくらいの効能を発揮するとは、うれしいですね。私も、長期出張がある時にはレモンを丸ごと持ち運んだり、レモンのアロマオイルを用意するなどして、香りを嗅ぐことで気持ちのリセットに役立てています。思い切り香りを吸い込むと、一瞬で大好きなレモン畑の中にいる気分になって、あっという間にリフレッシュできるんです。

レモン畑にいるだけで元気になれるんです

青いレモンは香りが強いのが特徴。11〜12月の限定で楽しめます

## column 5

# 私のレモングッズ

レモンに恋しすぎてしまった私は、レモン柄のものをついつい集めてしまうように。
今では周囲の人もレモンを見つけると、プレゼントしてくれるんです

①まな板：大学時代の先輩からもらったアメリカ旅行のお土産。真っ先に私の顔を思い浮かべてくれたそうです　②コースター：ZARA HOMEで購入しました。ZARAは洋服もレモン柄があるんです　③てぬぐい：夏はハンカチ代わりにしています　④レモン牛乳のシャープペンシル：関東栃木といえばレモン牛乳！　紙パックの形をしたストラップ付きです　⑤ポストカード：フランスのアンティークポスターは味があります　⑥デザインノブ：こんなノブを毎回使えたらテンションが上がるなぁと思うんですが、もったいなくて使っていません　⑦ノート：瑞々しいレモンがノートいっぱいに描かれています　⑧陶器のピッチャー：水色と黄色の組み合わせが気に入っています　⑨レモンのマグネット：いつもは冷蔵庫に貼っています　⑩レモンの香りつき人形：とぼけた顔がかわいいですよね　⑪ハンドタオル：実は⑰のジノリのお皿とセットなんです　⑫⑬⑭キャンディー：レモン味の輸入ものです。パッケージがかわいくて買ってしまいました　⑮レモネード：これも輸入ものなんですが、いまだに飲めないまま　⑯ニンニク保存容器：小物入れにもなる大きさと柄、カービーな形がお気に入り　⑰お皿：リチャードジノリ　アンティコ　リモーネ　シリーズのお皿です

84

# 4

## レモンをおいしく

レモンを使った本当においしいレシピを、

私が信頼をおいているお二人に作っていただきました。

スイーツとイタリアン、実際に作ってみてくださいね。

防腐剤なし・ノーワックスの国産レモンなら、丸ごと使っても安心です。

いろんなレシピに活用できるお菓子のベース

[ レモンペースト ]

甘さ控えめのペーストは、レモンの酸味とほのかな苦味のバランスが絶妙。今回紹介するいくつかのお菓子のベースになるだけでなく、ヨーグルトにそのまま載せたり、ソーダで割ったりと、さまざまな使い方が可能!

## レモンペースト

### 材料（2人分）

国産無農薬レモン（ノーワックスのもの）…2個〜
グラニュー糖…ゆで終えたあとのレモンと同量

### 作り方

1　レモンはよく洗い、沸騰したお湯の中に丸ごと投入し、40〜60分ゆでる
　　（冬は表皮が硬めなので50分ほどかかることが多く、
　　3〜4月は30分でも柔らかくなることがあるので様子を見て加減する）

2　竹串がすっと貫通するくらい柔らかくなったところで、お湯から取り出し冷ます

3　完全に冷めたらヘタを切り落とし、
　　レモンを3〜4等分に切って中の種をきれいに取り除く

4　この時点のレモンの重さと同量のグラニュー糖を用意し、レモンと絡めて数分おく。
　　馴染んだところでフードプロセッサーにかけ、滑らかなペースト状にする

5　清潔な瓶に移し、冷蔵で保存。冷蔵庫で1カ月は保存可能。
　　ジッパー付きの袋に入れて空気を抜けば、冷凍保存もOK

87

ムースとスポンジの二層になったケーキ

[ レアチーズケーキ ]

生クリームを使った滑らかなムースと、ふわふわのスポンジの食感を楽しめるスイーツ。スポンジを作る余裕がない人は、市販のスポンジかカステラを代用して。仕上げにレモンスライスを飾ると、華やかな印象に!

レシピは→P94

レモンの酸味とチョコの甘味の相性が抜群！

# [ レモンとチョコのマフィン ]

どっしりと中身の詰まったマフィンは、レモンの爽やかさがアクセントに。チョコチップを入れることで、甘味と酸味のバランスがしっかりとれた一品に仕上がっています。ホロホロとほどけていく生地の食感も楽しんで。

レシピは→P95

濃厚バターレモンソースをたらりとかけて

### [ レモンパンケーキ ]

もちもち食感が自慢のパンケーキは、朝ごはんにするもよし、おやつにするもよし。バターベースのとろりとしたソースと、お湯で温めたスプーンですくったコロンとした生クリームをたっぷりと添えていただきます。

レシピは→P96

舌の上でシュワッとなくなる冷たいムース

## [ レモンの淡雪風 ]

軽い口あたりが特徴の冷たいムースは、暑い時期にぴったりの一品。ゼラチンは使いつつも、きめ細やかなメレンゲで固めていくので、いかにメレンゲを上手に作れるかがカギ。レモンとミントで涼しげに彩って。

レシピは→P97

大人も子どもも楽しめる赤いドリンク

# [ レモンジンジャー&ベリーシロップ ]

ソーダで割って子どもも大好きなドリンクに変身させたり、お酒で割ってカクテルとして楽しんだりできる爽やかなシロップです。シロップを作るときに使うレモンやベリーもグラスに入れるとかわいらしさがUP！

## レモンジンジャー＆ベリーシロップ

### 材料（2人分）

無農薬レモン…2個
ショウガ…小さめ一片（約30g）
イチゴ…60g
ブルーベリー…40g
グラニュー糖‥100g
はちみつ…80g

### 作り方

1　レモンはよく洗って表面の水分を取り、薄くスライスする。
　　ショウガも表面の汚れを落とし、硬い節の部分、傷んだところを削って、
　　なるべく薄くスライスする

2　耐熱ボウルに1と他の材料をすべて入れ、軽くひと混ぜする

3　ラップをかけて600Wの電子レンジに2分かけ、またひと混ぜ。
　　さらにレンジに2分かけて室温に冷ます

4　清潔な瓶に移し、冷蔵庫で保存。2週間を目安に使い切る

　　※写真は、シロップを炭酸水で割ったものです。
　　ウォッカやホワイトラムにシロップを足し、ソーダ割りにしてもおいしいです

## レアチーズケーキ

### 材料（底取れデコ型15cm）

クリームチーズ…150g
グラニュー糖…50g
プレーンヨーグルト…100g
板ゼラチン…8g
白ワイン…30g
レモンペースト…50g
生クリーム…70g

[スポンジ]
卵…1個
グラニュー糖…30g
薄力粉…30g
溶かしバター…10g

### 作り方

1 スポンジを作る。粉をふるい、底取れデコ型の底に紙を一枚敷いておく。
　オーブンを200℃に予熱する

2 卵をボウルに割り入れ、軽くほぐしてグラニュー糖を加える。
　湯せんにかけ、卵をひと肌程度に温めて湯せんから外し、白っぽくなるまで泡立てる

3 ゴムベラに持ち替え、ふるった薄力粉を加えて切り込むように混ぜる

4 溶かしバターを加えて混ぜ、型に流し、180℃に下げたオーブンで10分程度焼く

5 あら熱が取れたら型から外し、円周に沿って3mmほどスポンジを切り取り、
　裏の紙をはがす。もう一度丸型の底に敷いておく

6 板ゼラチンはたっぷりの冷水に浸し、
　柔らかくなったら軽く搾って白ワインと合わせておく

7 クリームチーズをレンジに10から20秒かけて少し柔らかくしてから泡立て器でよく練
　る。滑らかになったらグラニュー糖を2〜3回に分けて混ぜる

8 7にヨーグルトを加えてよく混ぜる

9 6を湯せんにかけるか、ごく弱火にかけてゼラチンを溶かす
　（沸騰させると固まらないので注意）。8のボウルに加えて手早く混ぜる

10 レモンペースト、生クリームを続けて混ぜ、
　スポンジを敷いた型に流して冷やし固める

11 蒸しタオルを型のまわりにあてて少し温めてから型から外す。
　スライスしたレモン（分量外）を飾って仕上げる

## レモンとチョコのマフィン

### 材料（6個分）

無塩バター…60g
グラニュー糖…60g
卵…1個
レモンペースト…60g
牛乳…20g

薄力粉…120g
ベーキングパウダー…3g
チョコチップ…50g

### 作り方

1 下準備をする。無塩バターは薄くスライスしながらボウルに計量する。
  薄力粉とベーキングパウダーは合わせてふるっておく。
  マフィン型にグラシンカップを敷いておくか、紙製のマフィンカップを用意する。
  オーブンを200℃に予熱する

2 バターは泡立て器で柔らかく練り、
  グラニュー糖を3回に分けて加えながらよく混ぜる

3 ふんわりしてきたら卵を加えて混ぜ、レモンペーストと牛乳も加え混ぜる

4 ゴムベラに持ち替え、粉を一度に入れて切り込むように混ぜる。
  まだ少し粉っぽい状態でチョコチップも混ぜ、チョコチップを分散させる

5 型の8分目を目安に生地を分け、オーブンに入れる。
  180℃に設定を下げ、20分焼く

95

## レモンパンケーキ

### 材料（直径10cm程度の6枚分）

A ┌ 薄力粉…100g
　├ ベーキングパウダー…3g
　└ グラニュー糖…10g

B ┌ 卵…1個
　├ レモンペースト…50g
　├ 牛乳…90g
　└ プレーンヨーグルト…30g

無塩溶かしバター…25g

［レモンソース］
レモン皮と果汁…1/2個分
グラニュー糖…30g
無塩溶かしバター…25g

### 作り方

1　ボウルにAの材料を入れ、泡立て器でよく混ぜておく

2　別の小さめのボウルにBの材料をすべて入れ、混ぜておく

3　1のボウルに2を2回に分けて入れ、サッと混ぜる。
　溶かしバターも加えてさらにざっくりと混ぜ合わせる。
　このとき、練りすぎないよう注意

4　フライパンを中火で熱し、濡れふきんの上に移してジュッと音をさせたら、
　再びコンロに戻す。バター（分量外）を少量フライパンに落として溶かした後、
　レードル一杯分の生地をたらし、火を付け直して、弱めの中火で2分ほど焼く。
　表面に1〜2個穴があいたらひっくり返す

5　裏面も1分ほど焼く。残りも同様に焼いていく

6　レモンバターソースを作る。
　すりおろしたレモンの皮（表面の黄色いところのみ）、果汁、グラニュー糖を
　よく混ぜたところに溶かしバターを加えて混ぜる。
　時間が経つと分離するので、使う直前に混ぜ直す

7　パンケーキにお好みでホイップクリーム（分量外）やレモンソースを添える

## レモンの淡雪風

### 材料（グラス3〜4個分）

レモンの皮のすりおろし…1個分
水…150g
コーンスターチ…20g
グラニュー糖…40g
板ゼラチン…1g
レモン果汁…1個分

A ─ 卵白…1個分
    グラニュー糖…20g

### 作り方

1. レモンはよく水洗いして皮の黄色いところだけを削る。
   板ゼラチンは水に浸し、指ですっとちぎれるくらいの状態までふやかしておく

2. 鍋に1のレモン皮、水、コーンスターチ、グラニュー糖40gを入れてよく混ぜ、中火にかける。全体を絶えずかき混ぜながら透明感ととろみが出て沸騰するまで加熱する

3. 火から下ろし、ふやかしたゼラチンとレモン果汁を加えて室温程度まで冷ます

4. 別のボウルでAの卵白を泡立て、同じくAのグラニュー糖を3回に分けて加えながら、しなやかなメレンゲを作る

5. 4のボウルに3のレモンソースを入れて泡立て器で手早く混ぜ込み、グラスに均等に流し分ける

6. 冷蔵庫で1時間以上冷やし固め、好みでミントやレモン（どちらも分量外）などを飾る

柑橘の香りが爽やかな冷たいスープ

# [ 白ネギとジャガイモのスープ ]
## 柑橘風味

暑い季節にぴったりの冷たい爽やかなスープ。ポイントは白ネギをしっかりと炒めること。粘りが出るまで炒めることで、甘味が増してぐっとおいしくなります。オレンジの果肉を飾れば、見た目もぐっとすてきに！

レシピは→P104

季節野菜たっぷりで彩り豊かな一皿を

[ 広島レモンの
アグロドルチェ風サラダ ]

そのとき旬の野菜をたっぷりと使って作りたい、彩り鮮やかでシャキシャキした野菜の触感が楽しいヘルシーな一皿。レモンとビネガーで作るすっきりしたドレッシングが、野菜の甘味を際立たせてくれます。

レシピは→P105

器代わりのレモンがインパクト大!

[ 詰めものをした
広島レモンのオーブン焼き ]

半分にカットしたレモンを器代わりにしたユニークな見た目が印象的な一品。たっぷり入るチーズに少し苦味を感じるゴーヤ、レモン独特の香りが絶妙にマッチ。大人の味はワインのおつまみにどうぞ。

レシピは→P106

エビのうま味を感じる優しいリゾット

[ 小エビの
レモンクリームリゾット ]

和風ダシを使うなど、和洋が絶妙にコラボ。一口食べるとエビの香りとうま味、さらにチーズのコクを感じられ、さらにふわっとレモンの香りが広がります。老若男女に愛される優しい味のリゾットです。

レシピは→P107

魚に火を通し過ぎないのがポイント!

[ 白身魚レモン風味
スパゲッティ ]

刺身が余った翌日に、ぜひ作ってほしいパスタ。魚は余熱で火を通すから、しっとり&ぷりっとした食感で口当たりも抜群。レモンの風味にもよく合います。塩加減は最後にしっかり調整し、好みの味に仕上げて。

レシピは→P108

甘酸っぱいまろやかなソースが味の決め手

[ ポークソテー
　レモンとリンゴのソース ]

食べ応え抜群のポークには、リンゴのフルーティーな甘さとレモンのすっきりした香りのソースを。肉汁をしっかり感じながらも、ソースの甘酸っぱさで後味は爽やか。見た目もかわいく、メイン料理にぴったり！

レシピは→P109

103

## 白ネギとジャガイモのスープ 柑橘風味

### 材料（4人分）

白ネギ…300g
チキンブイヨンスープ（通常より薄めのもの）…1ℓ
生クリーム…200cc
ジャガイモ…2個
バター…40g

オレンジの皮のすりおろし…1/2個分
レモンの皮のすりおろし…1/2個分
レモン果汁…適量
塩…適量
コショウ…適量

### 作り方

1. 白ネギを3mm幅の輪切りにする。
   ジャガイモの皮をむき、火が通りやすいよう薄切りにする

2. 鍋にバターを入れて火にかけ溶かし、
   焦げないように弱火〜中火で白ネギを炒める

3. 白ネギに粘りが出て、まとまりかかったらチキンブイヨンスープとジャガイモを加え、
   ジャガイモが柔らかくなるまで火を通す

4. 3の味見をして素材のうま味が出てきたら、火を止めてミキサーで攪拌する

5. 4にオレンジ、レモンの皮のすりおろしを加え、
   生クリームを混ぜたら塩コショウで味を調える。
   最後にレモン果汁を味をみながら加える。
   最後に生のオレンジ果肉（分量外）を飾ってもよい

## 広島レモンのアグロドルチェ風サラダ

### 材料（6個分）

A ─ アスパラ…1本
    ミニキャロット…2本
    ラディッシュ…2個
    レンコン…7mm幅1枚
    オクラ…2本
    ズッキーニ…4ミリ幅2枚

B ─ オリーブオイル…30cc
    白ワインビネガー…30cc
    砂糖…20g
    塩…10g

スライスレモン…1枚

### 作り方

1 Aをすべて大きめの一口サイズに乱切りしておく。
  スライスレモンを扇形に6等分しておく

2 フライパンを強火で熱し、焦げ目が付くまでAを乾煎りしたら別皿にとっておく

3 Bを小鍋に入れ沸騰させたら、スライスレモンを入れて火を止める

4 3に2を加えて和え、全体に馴染ませる

## 詰めものをした広島レモンのオーブン焼き

### 材料（2人分）

レモン…1個
ゴーヤ…1/2本
ツナ…80g
マヨネーズ…35g
リコッタチーズ…30g
ゴルゴンゾーラチーズ…2mm角4片
砂糖…少々
塩…適量
コショウ…適量
シュレッドチーズ…5g
ディル（なければパセリやバジル）…適量

### 作り方

1 レモンを半分にカットし、端を落としたらさらにそこから1枚ずつスライスを取る

2 1の残ったレモンの中身をくり抜き、内側に砂糖をしっかりとまぶす。
（レモネードの味が目安）

3 ゴーヤの中のワタを取り、5mm幅に切っていき、塩、砂糖で揉んだら、さっとゆでる

4 3を3mm角に切り、ボウルにツナ、マヨネーズ、リコッタチーズと共に入れて
よくかき混ぜ、塩コショウで味を調える

5 2にゴルゴンゾーラチーズを2片ずつ入れ、その上から4を詰め、
シュレッドチーズをかける

6 5と1のスライスレモンを185℃のオーブンで5 〜 6分ほど焼く。
（ただしレモンの香りが立ったらスライスレモンを先に取り出す）

7 オーブンで焼いたスライスレモンを詰め物の上に載せ、ディルを飾る

## 小エビのレモンクリームリゾット

### 材料（2人分）

殻付きの小エビ
（ブラックタイガーなど）…3尾
米…40g
和風ダシ
（通常の2分の1程度の薄さ）…500cc
ニンニク…1片
玉ねぎ…5g

バター…20g
白ワイン…大さじ1
生クリーム…大さじ1
パルミジャーノ・レッジャーノ…20g
レモン汁…適量
塩…適量
コショウ…適量
ホワイトペッパー…適量
パセリまたはディル…適量

### 作り方

1  エビは殻と身を別にし、身は一口大に切り軽く塩コショウを振っておく。
   ニンニク、玉ねぎはみじん切りにしておく

2  フライパンを火にかけバターを入れ、溶けかかったらニンニク、玉ねぎを入れる

3  2からニンニクの香りがしてきたら、エビの殻を加え、
   赤くなってきたら白ワインを加え、アルコールを飛ばす

4  3からエビの殻を取り出し、米を加え軽く炒めたら、
   和風ダシをひたひたになるまで入れる。
   火を入れるうちに水気がなくなってきたら、少しずつ和風ダシを継ぎ足していく

5  米に半分くらいまで火が通ったら、エビの身を加える。
   米が少し芯の残るくらいまで炊いたら火を止めて、パルメジャーノ・レッジャーノを
   加え混ぜ、溶けたら生クリームを加えて混ぜる

6  5を再度強火にかけ、クツクツとゆだってきたらレモン汁を回し入れ、
   塩で味を調える

7  皿に盛り付け、ホワイトペッパーを回しかけ、パセリかディルを飾る

## 白身魚レモン風味スパゲッティ

### 材料（2人分）

白身魚の刺身…5枚
ニンニクスライス…2枚
バター…40g
パスタ（乾麺）…80g
塩…適量
レモン汁…適量
万能ネギ…5g
ホワイトペッパー…適量

### 作り方

1 ニンニクは、大きさを揃えたみじん切りにしておく。
  パスタをゆでる

2 鍋にバター、ニンニクを入れ、
  弱火でニンニクがキツネ色になり香りが立つまでゆっくりと火を通す

3 2にパスタのゆで汁（100cc）を加え軽く混ぜ、
  火を止めてからやや辛いと感じるくらいに塩を加える

4 3にパスタを合わせ、白身魚を加えて火を切る。
  しっかりと混ぜ合わせ、魚が白っぽくなったら塩で味を調えて器に盛り、
  万能ネギとホワイトペッパーを散らす

## ポークソテー　レモンとリンゴのソース

### 材料（2人分）

豚肩ロース肉…1枚
ミント…4枚
レモンスライス…1枚
リンゴスライス…2枚
オリーブオイル…大さじ1
塩…適量
コショウ…適量
薄力粉…適量
バター…5g

A ┌ 100%リンゴジュース…250cc
　├ はちみつ…大さじ1
　├ 白ワイン…250cc
　└ リンゴスライス…3枚

### 作り方

1　下準備として、ミント、レモンスライス、リンゴスライス2枚を6等分にする。
　　豚肩ロース肉に塩コショウを振り、薄力粉をまぶしておく

2　Aの材料をすべて片手鍋に入れて、弱火で3分の1になるまで煮詰めたら、
　　濾しておく。（酸味が強ければ、さらに煮詰める）

3　6等分したリンゴを焦げ目が付くまで油なしでソテーし、別に取り分ける

4　フライパンにオリーブオイルを入れ、火を加え、
　　白い煙が出てきたら豚肩ロースを入れる。
　　中火で火を通し、肉汁が浮いてきたら裏返し、
　　火を止めてそのまま置いておく

5　2のソース大さじ2杯半とバターを小鍋に入れ、中火にかける。
　　沸騰してきたら火を止めて、レモンスライスを加えて混ぜソースを作る

6　さらに4の肉を載せ、3のリンゴ、5のレモンを並べたらソースを回しかけ、
　　ミントを飾る

# あ と が き

アメリカの有名なことわざに

"If life hands you lemons, make lemonade."

(もし運命がレモンをくれたら、レモネードを作りなさい)

というものがあります。

普通、レモンはすっぱいので、そのままで食べる人はいません。

一見使えなさそうなものを手にした時、

使えないだろうとあきらめるのではなく、

使えるものに変える努力をしようという意味で使われます。

世間からは、このように、なかなか単体で主役と認められないレモン。

そんなレモンに脚光を浴びてほしい。

レモンの魅力を伝えたい。

特に、私が恋した瀬戸田のレモンをみんなに食べてもらいたい。

そんな想いが、私をいつも前に進ませてくれたように思います。

この本を手にとった皆様に、

少しでもレモンの魅力に気づいていただき、

広島の小さな島へ「レモンに会いに行ってみようか!」

と思っていただけたら幸いです。


最後に、足しげく通う私をいつも温かく迎えてくださる

長畠農園の皆様、

レモンの郷の皆様をはじめ、瀬戸田の島の皆様方、

本を作るにあたり一緒に取材に同行してくださった

カメラマンの藤川さん、編集の中田さん、

レシピの撮影をしてくださった遠藤さん、早田さん、

素敵な装丁を描いてくださった瀧川さん、

デザイナーの村田さん、そして、出版を後押ししてくださった

ザメディアジョングループ代表の山近さんと田中さん、

その他、多くの方々のお力により、

私の長年の夢であったレモンの本の出版が実現いたしました。

この場を借りて、心より感謝と御礼を申し上げます。


2016年9月　国吉 純

◎著者

**国吉 純**（くによし・じゅん）

有限会社ジュリエッタ・ガーデン代表取締役。園芸家として全国で園芸講座を開催。造園からベランダでのガーデニングまで幅広い楽しみ方を提案。「レモン研究家」として国産レモンの普及に従事し「瀬戸田レモンも扱うセレクトショップを」運営する。
http://juliniwa.ocnk.net/

◎レシピ提供

**佐々木ユナ**（ささき・ゆな）

横浜市で創作スタジオ 粉工房を主宰。シンプルなお菓子作りがモットー。著書に『プリンとムースとゼリー ふんわりとろけるしあわせスイーツ』（ルックナゥ）など。
http://www.konakoubou.com/

**玉澤良樹**（たまざわ・よしき）

広島市南区でイタリア料理店『ディ グロット タマザワ』を営む。オマール海老などを使った目にも美しい本格的な料理の数々を、カウンターやテーブル席で肩肘張らずに楽しめるのが魅力。ワインの種類が豊富なのもうれしい。

# 瀬戸田レモンに恋して

2016年9月23日初版発行

| | |
|---|---|
| ［発行人］ | 田中朋博 |
| ［撮影］ | 藤川隆久（精光カラーラボ）、遠藤麻美、早田梨津子（花田写真事務所） |
| ［カバーイラスト］ | 瀧川裕恵 |
| ［カバー・本文デザイン］ | 村田洋子 |
| ［編集］ | 中田絢子、森田樹璃、村上由貴、戸田千文、上総毬椰 |
| ［校正・校閲］ | 大田光悦 |
| ［販売］ | 野川哲平、清水有希、小田厚美 |
| ［発行］ | 株式会社ザメディアジョンプレス<br>〒733-0011　広島市西区横川町2-5-15<br>TEL 082-503-5051　FAX 082-503-5052<br>ホームページ http://www.mediasion-press.co.jp/<br>Eメール h.seisaku02@mediasion.co.jp |
| ［発売］ | 株式会社ザメディアジョン<br>〒733-0011　広島市西区横川町2-5-15<br>TEL 082-503-5035　FAX 082-503-5036<br>ホームページ http://www.mediasion.co.jp/ |
| ［印刷・製本］ | 株式会社シナノパブリッシングプレス |

ISBN978-4-86250-453-1　C0076　￥1482E　©ザメディアジョンプレス2016 Printed in Japan